Yo, Jane

PATRICK McDONNELL

S xz M

OCEANO travesía

Título original: *Me… Jane*

© 2011 Patrick McDonnell

Agradecemos a Jane Goodall el permiso para utilizar los dibujos de las páginas
10, 11 y 40 (realizados por ella) y las fotografías de las páginas 1, 38 y 39.

© Hugo Van Lawick/National Geographic Stock, con el permiso de National
Geographic Society (fotografía de la página 37)

© Michael Neugebauer, www.minedition.com (fotografía de la contraportada)

Las ilustraciones para este libro fueron realizadas con tinta china y acuarela
sobre papel. Para el texto principal y los títulos se utilizó la fuente P22 Franklin
Caslon y para otros textos la fuente Caslon Book BE.

Diseño: Jeff Schulz/Command-Z Design
Traducción: Mónica Villa

Esta edición se ha publicado según acuerdo con Little, Brown and Company,
Nueva York, Nueva York, Estados Unidos.

D.R. © Editorial Océano, S.L.
Milanesat 21-23, Edificio Océano, 08017 Barcelona, España
www.oceano.com

D.R. © Editorial Océano de México, S.A. de C.V.
Blvd. Manuel Ávila Camacho 76, piso 10, 11000 México, D.F., México
www.oceano.mx • www.oceanotravesia.mx

Primera edición: 2015

ISBN: 978-607-735-403-1
Depósito legal: B-21867-2015

IMPRESO EN ESPAÑA / *PRINTED IN SPAIN*
9004117010915

Jane tenía un chimpancé de peluche
llamado Jubilee.

Adoraba a Jubilee
y lo llevaba con ella a todas partes.

A Jane le encantaba estar al aire libre.

Veía a los pájaros hacer sus nidos,
a las arañas tejer sus telas
y a las ardillas corretear
de un árbol a otro.

Jane aprendió todo lo que pudo sobre los animales
y las plantas que había en su jardín y sobre
los que leía en los libros.

LA SOCIEDAD CAIMÁN.

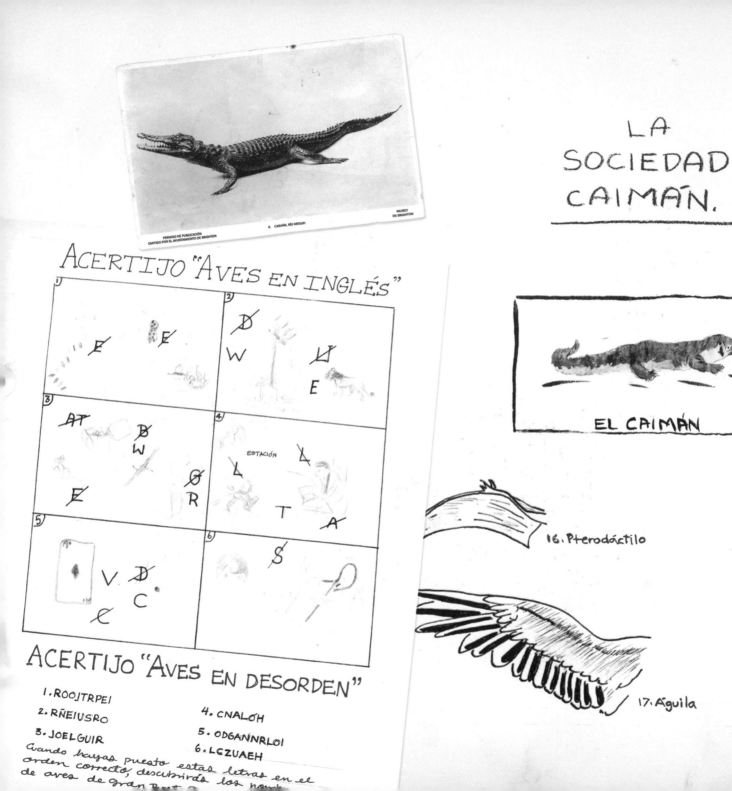

EL CAIMÁN

16. Pterodáctilo

17. Águila

ACERTIJO "AVES EN INGLÉS"

ACERTIJO "AVES EN DESORDEN"

1. ROOJTRPEI
2. RÑEIUSRO
3. JOELGUIR
4. CNALOH
5. ODGANNRLOI
6. LCZUAEH

Cuando hayas puesto estas letras en el orden correcto, descubrirás los nombres de aves de gran Bret...

HOJA DE COBRA

CONOCIMIENTOS SOBRE EL CAIMÁN DE COBRA

1. ¿Qué comen los ratones?
2. ¿Qué comen las vacas?
3. ¿Cómo se llama un perro bebé?
4. ¿Cómo se llama un gato bebé?
5. ¿Cómo se llama un caballo bebé?
6. ¿Cómo se llama una gallina bebé?
7. De dónde viene el huevo que comes en el desayuno.
8. Di los nombres de 5 animales que tengan cola.

CONCURSO DE UNE LOS PUNTOS DE COBRA

Aquí tienes un pasatiempo, Cobra.
Primero une los puntos y ve que sucede.
Después, si quieres puedes colorear el dibujo que apareció.
Bueno, diviértete Cobra.

empieza aquí →

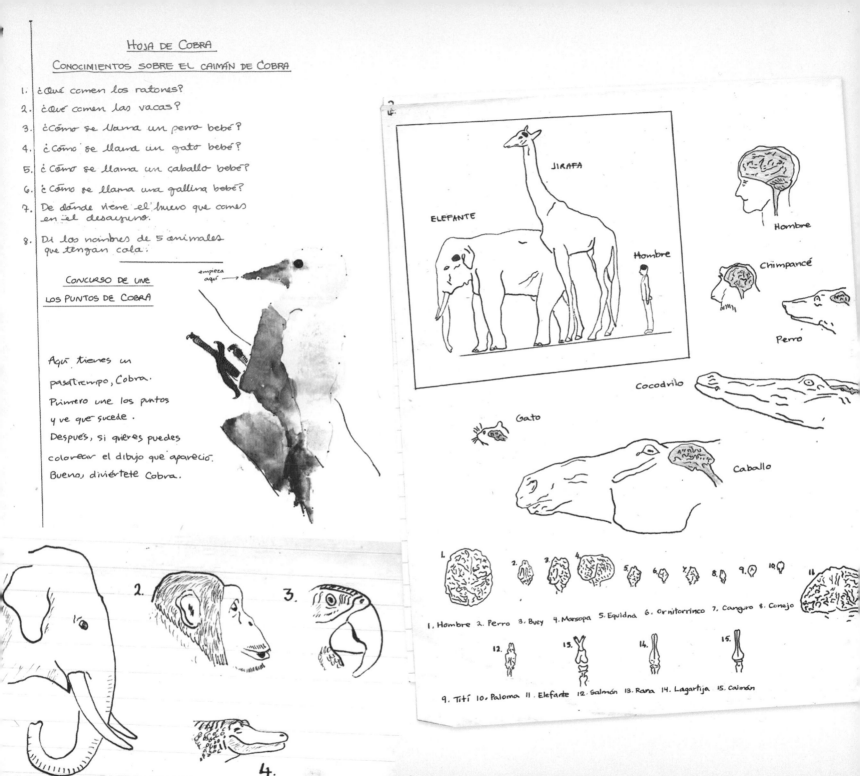

JIRAFA

ELEFANTE

Hombre

Hombre

Chimpancé

Perro

Cocodrilo

Gato

Caballo

1. Hombre 2. Perro 3. Buey 4. Marsopa 5. Equidna 6. Ornitorrinco 7. Canguro 8. Conejo

9. Tití 10. Paloma 11. Elefante 12. Salmón 13. Rana 14. Lagartija 15. Caimán

2.

3.

4.

Un día, quiso averiguar de dónde
venían los huevos.

Así que, sigilosamente, Jane y Jubilee
entraron en el gallinero de la Abuela...

se escondieron entre la paja,
permanecieron muy quietos...

y observaron el milagro.

Era un mundo mágico,
alegre y maravilloso,
y Jane se sentía
parte de él.

A Jane le encantaba trepar a su árbol favorito,
al que llamó Haya.

Apoyaba su mejilla en el tronco
y sentía cómo la savia fluía
debajo de la corteza.

Jane sentía que su corazón
latía,
latía,
latía.

Mientras el viento le acariciaba el cabello, leía y releía los libros de Tarzán, en los que una chica, que también se llamaba Jane, vivía en las selvas de África.

Jane soñaba con vivir en África.

Soñaba con convivir y ayudar
a los animales.

Por las noches,
Jane arropaba a Jubilee…

y se acostaba a dormir…

y un día despertó…

y su sueño se había convertido en realidad.

Acerca de Jane Goodall

Al cumplir diez años Jane Goodall decidió que, cuando fuera mayor, viajaría a África, viviría con los animales y escribiría sobre ellos. Casi todo el mundo le dijo que era imposible. Su familia tenía poco dinero y en aquella época las niñas no soñaban con tener profesiones intrépidas. Pero su madre la animó para que no abandonara su sueño. Cuando Jane terminó la escuela, siguió aprendiendo sobre África y trabajó en lo que pudo para ahorrar dinero suficiente y viajar al continente africano. Lo logró en 1957, y ahí conoció al renombrado antropólogo Louis Leakey. En 1960 comenzó a estudiar a los chimpancés de la Reserva de Gombe Stream (ahora llamada Parque Nacional de Gombe), en Tanzania.

Uno de los descubrimientos más importantes de Jane fue que los chimpancés tienen la habilidad de fabricar y usar herramientas. Hasta ese momento, los expertos pensaban que sólo los humanos eran capaces de algo así. El mundo tuvo que repensar qué era lo que hacía que los humanos fueran diferentes de los animales. Jane escribió sobre sus descubrimientos en el libro *Los chimpancés de Gombe: patrones de comportamiento*, publicado en 1986.

En la actualidad Jane continúa trabajando para crear conciencia sobre los peligros que enfrentan los chimpancés y acerca de la conservación del medio ambiente: la población humana continúa creciendo, se talan los bosques y selvas en los que viven los chimpancés, y tanto estos como otros animales son cazados para servir como alimento. Fundó el Instituto Jane Goodall, una organización que ayuda a las comunidades que se ubican cerca de las áreas naturales a cultivar más alimentos, obtener agua limpia y enviar a los niños a la escuela. También enseña a los habitantes de esas regiones a proteger la flora y fauna silvestres.

El programa Roots & Shoots (Raíces y Brotes) del Instituto Jane Goodall tiene como objetivo educar a los jóvenes sobre los problemas medioambientales y sociales, y proporcionarles herramientas para emprender acciones en su defensa. Este programa es cada vez más grande: está presente en más de 130 países y tiene decenas de miles de miembros, desde niños de preescolar hasta estudiantes universitarios. Para conocer más sobre este programa y el Instituto Jane Goodall visita **www.janegoodall.org** y **www.janegoodall.es**.

Un mensaje de Jane

Cada uno de nosotros puede hacer una diferencia. Todos los días producimos algún impacto en el mundo que nos rodea. La decisión sobre qué tipo de cambio propiciamos es nuestra. La vida de cada uno de nosotros es importante dentro del gran esquema del universo, y me interesa motivar a todos, en especial a los jóvenes, para que hagan del mundo un mejor lugar para todas las personas y todos los animales.

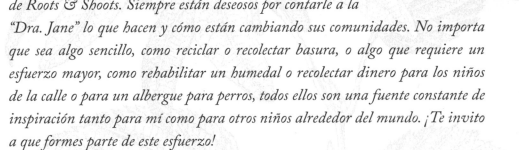

Los niños se motivan cuando ven los resultados de su esfuerzo. En mis viajes, me he reunido con cientos de grupos de Roots & Shoots. Siempre están deseosos por contarle a la "Dra. Jane" lo que hacen y cómo están cambiando sus comunidades. No importa que sea algo sencillo, como reciclar o recolectar basura, o algo que requiere un esfuerzo mayor, como rehabilitar un humedal o recolectar dinero para los niños de la calle o para un albergue para perros, todos ellos son una fuente constante de inspiración tanto para mí como para otros niños alrededor del mundo. ¡Te invito a que formes parte de este esfuerzo!

Jane

Dra. Jane Goodall
Fundadora del Instituto Jane Goodall y
Mensajera de la Paz de las Naciones Unidas

Notas sobre las ilustraciones

En esta página puedes ver una caricatura que dibujó Jane Goodall de su vida en la Reserva de Gombe Stream. También encontrarás una doble página completa con dibujos y acertijos que Jane hizo cuando era pequeña y dirigió un club llamado la Sociedad Caimán. En distintas partes del libro se incluyen grabados decorativos de los siglos XIX y XX que transmiten la pasión de Jane por la observación minuciosa y científica de la naturaleza.